LE
CHANSONNIER ROYALISTE,
OU
L'AMI DU ROI.

Imprimerie de Mme. V^e. Perronneau,
quai des Augustins, n°. 39.

LE CHANSONNIER ROYALISTE,

OU L'AMI DU ROI.

Facit indignatio versum.

PARIS,
A LA LIBRAIRIE DU LIS D'OR,
quai des Augustins, n°. 11.
1816.

LE CHANSONNIER ROYALISTE,

OU L'AMI DU ROI.

LE CHANT ROYAL.

Air *du premier pas.*

Vive le Roi !
Que ce cri nous rallie,
Qu'il soit pour lui garant de notre foi ;
Que tout Français qui chérit sa patrie,
Dans les combats comme à table s'écrie :
Vive le Roi !

Vive d'Artois !
Vive ce prince aimable !
Frère chéri du meilleur de nos rois,
Nous qui savons que son cœur est affable,
Le verre en main, répétons tous à table :
Vive d'Artois !

Vive à jamais
Des vertus le modèle,
Gage sacré de bonheur et de paix !
Fille des rois, Antigone fidelle,
Que parmi nous ton image réelle
Vive à jamais !

Dieu des Français,
Sur des têtes si chères
Verse à jamais les plus tendres bienfaits ;
Qu'à nos destins ta bonté soit prospère :
Conserve-nous notre Roi, notre père,
Dieu des Français.

AUTRE.

Air : *Aussitôt que la lumière.*

Aussitôt que la lumière
Darde ses rayons sur moi,
Je commence ma carrière
Par crier vive le Roi !
Et le cœur et la mémoire,
Remplis de Sa Majesté,
Ou je me bats pour sa gloire,
Ou je bois à sa santé.

Amis, que ce lieu rassemble,
De Louis soyez l'appui ;
Jurez tous, jurez ensemble
De ne vivre que pour lui.
Nobles enfans de la France,
Versez avec loyauté
Votre sang pour sa défense,
Votre vin pour sa santé.

DIALOGUE POLITIQUE

ENTRE DEUX DAMES DE LA HALLE.

AIR : *Des bourgeois de Chartres.*

MARGOT.

Ecoute donc, Fanchette,
Sais-tu qu'y a du nouveau?
On dit qu'dans la gazette
Ça ne va pas com'y faut;
J'somm' encor à la guerre :
Comment qu' j'allons donc faire?
J'allons revoir les Autrichiens,
Les Cosaques et les Prussiens;
Ah! mon dieu! qu'eu misère!

FANCHETTE.

Tiens, Margot, tu m'fais rire
Avec tes Autrichiens;
Tu ne seras pas pire :
Ils n'prendront pas tes biens.

Pour moi mon espérance,
Car nuit et jour j'y pense,
C'est que c'te fois ça s'ra fini,
Que d'Bonaparte j's'rons à l'abri ;
C'est le bonheur de la France.

MARGOT.

Tout d'même faudra qu'nos hommes
Empoignont le fusil ;
S'ils attrapont queuqu'pommes,
Vraiment ça s'ra gentil :
T'as beau dir', t'as beau faire,
G'na pas là d'quoi nous plaire ;
Quand y z'auront r'çu leur zatous,
Qui sait ce qu'on fera de nous ?
Si c'n'est qu'on nous enterre.

FANCHETTE.

Moi j'te dis qu'tu m'embêtes
D'avoir des peurs comm' ça ;
Où donc c'que t'as ta tête

De craindre ces gens-là ?
Faut pas qu'tout ça t'étonne ;
Va z'y n'mang'ront personne,
A moins qu'ce n'soit Napoléon :
Ma foi, s'ils le trouvent assez bon,
D'bon cœur j'leur zabandonne.

MARGOT.

Ils ont cocarde blanche
Comme nous l'an passé,
L'fusil derrièr' la hanche,
Ils ont l'air enchanté.
Gna rien qui les arrête,
Ils chantent à tu'tête :
Vive le Roi zé les Bourbons ;
En leur honneur buvons, trinquons,
C'est comm' un jour de fête.

FANCHETTE.

Et puis le Roi lui-même
Qui vient au milieu d'eux,

Celui-là qui nous aime
Aura les yeux sur eux;
Il saura ben, j'espère,
Leur dir' qu'il est not' père,
Et qu'i' n'veut pas qu'à ses enfans
On vienne causer des accidens,
Qu'on l'mettrait en colère.

MARGOT.

Mais rien qu'à voir la mine
D'ce brave homme de Roi,
On parierait chopine
Qu'il est de bonne foi.
C'est ça qu'est zune figure
Qu'est ben de bonne augure,
Et non pas cell' de c't aut' crapaud,
Qu'a toujours l'air, dans son cerveau,
D'rouler queuqu'aventure.

FANCHETTE.

Va, va, sois ben tranquille,

Margot, ne crains plus rien :
J'te dis qu'tout ça s'enfile
Au mieux pour notre bien ;
Y n'faut pas qu'ça t'inquiette,
L'affaire s'ra bientôt faite :
J'n'entendrons plus parler d'soldats,
De cosaques, ni de combats,
Ni du père la Violette.

MARGOT.

Mon dieu, bonne Fanchette,
Qu'tu rassures mon cœur !
J't'avou' que c'te violette
Me faisait zune hèr' peur ;
Mais me v'là royaliste,
Jn'suis plus bonapartiste.
Drès que le bon Roi vient avec eux,
C'est preuv' qu'il veut nous rendre heu-
reux ;
J'suis tranquil' comm' Baptiste.

FANCHETTE.

Allons boire la goutte
A la santé du Roi;
J'te promets, coûte qui coûte,
Que l'jour où je le revois
Chez la mère Charlotte
Je paye une ribotte;
Si par malheur j'nons pas d'argent,
Eh ben! j'f'rons comm' j'ons fait souvent,
J'irons vendre ma cotte.

ÉPITAPHE DE BONAPARTE.

La France enfin respire:
Satan, prends garde à toi;
Car s'il entre dans ton empire,
Sous peu tu ne seras plus roi.

CONFESSION DE BONAPARTE

Air : *Dirai-je mon* confiteor ?

Mon père, je viens devant vous,
Avec une âme de furie,
Me confesser à vos genoux
De tous les forfaits de ma vie.   (*bis.*)
Ah ! je voudrais (*bis.*) les faire encor
Dirai-je mon *confiteor ?*   (*bis.*)

Mon premier exploit dans Paris
Fut cimenté par le carnage ;
C'est en mitraillant que je fis
De mon règne l'apprentissage.
Ah ! je voudrais, etc.

Pour le plaisir de massacrer,
Dans l'Égypte portant la guerre,
Gaîment je me fis exécrer
En en faisant un cimetière.
Ah ! je voudrais, etc.

Sous prétexte de conserver
Un fantôme de république,
Je l'abattis pour élever
Un empire de ma fabrique.
Ah! je voudrais, etc.

Au sein des bourreaux de mon Roi,
Pour me trouver plus à mon aise,
Je fis égorger de sang-froid
Un descendant de Louis seize.
Ah! je voudrais, etc.

Enviant de mes généraux
L'honneur et la gloire immortelle,
J'ai lâchement proscrit Moreau,
Que vainement la France appelle.
Ah! je voudrais, etc.

J'ai fait étrangler Pichegru,
Pour être sûr de son silence;
C'est ainsi que toujours j'ai cru
Devoir affermir ma puissance.
Ah! je voudrais, etc.

CONFESSION DE BONAPARTE.

Air : *Dirai-je mon* confiteor ?

Mon père, je viens devant vous,
Avec une âme de furie,
Me confesser à vos genoux
De tous les forfaits de ma vie.   (*bis.*)
Ah ! je voudrais (*bis.*) les faire encor ;
Dirai-je mon *confiteor* ?   (*bis.*)

Mon premier exploit dans Paris
Fut cimenté par le carnage ;
C'est en mitraillant que je fis
De mon règne l'apprentissage.
Ah ! je voudrais, etc.

Pour le plaisir de massacrer,
Dans l'Égypte portant la guerre,
Gaîment je me fis exécrer
En en faisant un cimetière.
Ah ! je voudrais, etc.

Sous prétexte de conserver
Un fantôme de république,
Je l'abattis pour élever
Un empire de ma fabrique.
Ah ! je voudrais, etc.

Au sein des bourreaux de mon Roi,
Pour me trouver plus à mon aise,
Je fis égorger de sang-froid
Un descendant de Louis seize.
Ah ! je voudrais, etc.

Enviant de mes généraux
L'honneur et la gloire immortelle,
J'ai lachement proscrit Moreau,
Que vainement la France appelle.
Ah ! je voudrais, etc.

J'ai fait étrangler Pichegru,
Pour être sûr de son silence;
C'est ainsi que toujours j'ai cru
Devoir affermir ma puissance.
Ah ! je voudrais, etc.

J'ai fait charger de fers un roi
Qui m'offrait sa main tutélaire ;
A l'Espagnol j'offris ma loi
En incendiant sa chaumière.
Ah ! je voudrais, etc.

Pour faire sentir en tout lieu
De mon sceptre le joug sinistre,
L'ennemi déclaré de Dieu,
Je détrônai son saint ministre.
Ah ! je voudrais, etc.

J'écrasai le peuple d'impôts,
Pour porter partout le ravage ;
Chaque jour j'accroissais ses maux
Pour mieux enivrer son courage.
Ah ! je voudrais, etc.

Je ne permettais de parler
Que pour célébrer ma puissance ;
Mes censeurs faisaient museler
Qui ne vantait pas ma vaillance.
Ah ! je voudrais, etc.

Tromper, dévaster, détrôner,
Ce fut constamment mon système,
Et tous ces crimes pour donner
A mes parens un diadème.
Ah! je voudrais, etc.

Sept millions d'hommes en dix ans,
De mon orgueil tristes victimes,
Ont péri sous mes yeux contens
De voir leur sang laver mes crimes.
Ah! je voudrais, etc.

Pour m'illustrer par la terreur,
Je mis toute l'Europe en armes;
Le carnage était mon bonheur :
Veuves, je riais de vos larmes.
Ah! je voudrais (*bis.*) en rire encor, etc.

Je menais vos derniers enfans
A la dernière boucherie,
Et sur leurs cadavres sanglans
Je criais : Vive la patrie!
Ah! je voudrais, etc.

J'ai rencontré dans mon chemin
Guillaume, le grand Alexandre,
Qui tendaient aux Français la main;
Je leur défendis de la prendre.
Ah! je voudrais, etc.

En dépit de ma cruauté,
L'étendard de la bienfaisance,
Déployé par l'humanité,
Flotta sur les tours de la France;
Moi lâchement (*bis.*) je vis encor, etc.

Réponse du Confesseur.

Ciel! que d'horreurs, que de forfaits!
Je crains que malgré sa clémence,
Dieu ne te pardonne jamais
Les maux que tu fis à la France,
Pour expier (*bis.*) ces crimes-là,
Suffit-il d'un *meâ culpâ*?

J'entends tous les rois outragés,
Tous les peuples dans l'indigence,

Et tous leurs enfans égorgés,
Du ciel implorer la vengeance :
Retire-toi (*bis.*) : ces crimes-là
Repoussent ton *meâ culpâ*.

L'HOMME DE TOUS LES PARTIS.

Air : *Partant pour la Syrie.*

Napoléon s'avance,
Je suis de son parti ;
S'il est chassé de France,
Je ne suis plus pour lui.
Si par quelqu'anicroche,
Il faut changer d'avis,
J'ai toujours dans ma poche
L'aigle et la fleur de lis.

CHANSON

DES DAMES DE LA HALLE.

AIR *du curé de Pomponne.*

EH ! mais dis donc, Napoléon,
Ous qu'est donc Marie-Louise ?
Tu sais (tu ne diras pas non),
Qu' tu nous l'avais promise,
Mais nous n'la voyons pas,
  Nicolas,
Sais-tu qu'ça nous défrise.

Tu nous avais promis itou
Une paix éternelle,
Et v'la que l'on parle partout
D'une guerre cruelle,
Mais ça n'prendra pas,
  Nicolas,
Mets ça dans ta cervelle.

Tu nous avais ben assuré,
Que par le cher beau-père,
Sous peu tu serais appuyé;
Mais c'est une autre affaire:
C'est pour te f..... à bas,
    Nicolas,
Qu'il s'avance au contraire.

Murat, à c'que tu nous disais,
De son armée entière,
Devait appuyer tes projets,
Et sur mer, et sur terre;
Mais ne v'la-t'il pas,
    Nicolas,
Qu'il fait com' le beau-père.

C'était donc des poissons d'avril,
Que tes belles paroles?
T'es un farceur qui za ben l'fil
A nous pousser des colles,

On ne t'apprendra pas,
    Nicolas,
A dire des fariboles.

Stapendant, venir de si loin,
Pour gausser de la sorte !
Que ne restais-tu dans ton coin,
Ainsi que ta cohorte !
Va, retourne là-bas,
    Nicolas,
Que le diable t'emporte.

A-PROPOS.

Judas a trahi son maître,
 Et Ney son souverain ;
L'un s'est pendu : c'est fort bien,
Et l'autre a tout fait pour l'être.

LE TROMPEUR EN DÉFAUT.

Air : *il était un petit homme.*

Viens donc, chère Louise,
Viens tirer d'embarras
    Nicolas ;
Vainement je m'épuise
A dire à mes soldats
    Q'tu viendras :
  On n'en croit plus rien.
  Hélas ! je vois bien
Qu'on se moque de moi,
Maudit papa (*ter*.) François.

Comme un chien d'imbécille
On m'a déja mené
    Par le nez ;
Il ne m's'ra pas facile
De m'en aller d'ici,
    C'te fois-ci.

Comment décamper
Sans s'faire attraper?
Pauvre Napoléon,
Seras-tu donc (ter.) pris comme un vrai
dindon?

Je me sens très-malade,
Et l'on me dit pourtant
Bien portant;
Ma longue promenade
M'avait bien réussi
Jusqu'ici;
Pourtant tenons bon;
La chair à canon,
Mon plus doux aliment,
Me soutiendra (ter.) jusqu'au dernier
moment.

LE RETOUR DES BOURBONS.

Air : *Femme sensible.*

Vive Louis, notre Roi légitime !
Le ciel le rend à nos cœurs satisfaits ;
Il vient vers nous, la clémence l'anime,
Il vient régner et chérir les Français.

Fille des rois, en ce jour plein de charmes,
Vous revenez habiter parmi nous ;
Le lis renaît, ne versons plus de larmes,
Bourbons chéris, nos cœurs volent vers vous.

Avec les lis vont refleurir en France,
De l'olivier les rameaux bienfaisans ;
La loyauté, l'honneur et la constance,
Brisent leurs fers, écrasent leurs tyrans.

Du bon Henri la vertu magnanime
Brille en ses fils; ils seront à jamais
Nos souverains malgré l'effort du crime :
Ils régneront sur le cœur des Français.

ANNONCE DE SPECTACLE

AU 20 MARS 1815.

Aujourd'hui spectacle *gratis* au théâtre de l'Ambition, place du Carrousel.

La première représentation de l'Empereur malgré tout le monde, suivie des Princes et Princesses sans le savoir ; le tout au profit d'une famille indigente de la Corse.

Le spectacle sera terminé par un ballet d'esclaves et une entrée de Cosaques.

CHANSON.

Air *du Premier pas.*

Visons le bien,
L'ennemi de la France,
Cet assassin du brave duc d'Enghein,
Ce forcené, cet enfant de vengeance,
Ce vrai gibier de roue et de potence,
Visons le bien. (*bis.*)

Visons le bien,
Ce bourreau de la terre,
Qui but le sang de ton fils et du mien,
Ce factieux, ce brigand, ce Santerre,
Qui nous apporte une éternelle guerre,
Visons le bien.

Visons le bien,
Qu'il tombe, et qu'il expie
Tous ses forfaits, mourant de notre main.
Pour Dieu, le roi, l'honneur et la patrie,
Pour vos enfans, et les miens je vous prie,
Visons le bien.

LE CRI DE LA FRANCE.

Air *du Réveil du peuple.*

Français toujours soyons fidèles,
Aux lis, aux Bourbons, à l'honneur;
Laissons les traîtres, les rebelles
Exhaler leur vaine fureur,
Leurs cris annoncent leur détresse,
Nos chants les font pâlir d'effroi,
Répètons tous avec ivresse:
Mort aux brigands, vive le Roi!

Des Rois le meilleur, le plus sage,
Sur nous régnait par ses vertus,
Les méchans ont frémi de rage
En voyant ce nouveau Titus;
Que dans ces trames homicides
Qu'ourdissent ces hommes sans foi,
Tombent eux mêmes, les perfides;
Mort aux brigands, vive le Roi!

Déja s'arme l'Europe entière
Pour écraser ces assassins.
Français, marchons sous sa bannière,
Confondons leurs affreux desseins ;
Ne souffrons jamais que la France
Du crime subisse la loi ;
Armons nos bras pour la vengeance :
Mort aux brigands, vive le Roi !

Soldats, aux cris de la patrie,
Ouvrez enfin, ouvrez vos cœurs.
Ah ! n'admirez plus un génie
Qui n'enfanta que des malheurs ;
Du sang, des cadavres, des larmes,
Voilà ce qu'il traîne après soi ;
L'humanité vous crie aux armes:
Mort aux brigands, vive le Roi !

PARURE DU CHAPEAU
DES DAMES FRANÇAISES.

Rose, œillet, immortelle......ROI.

LA VIOLETTE.

AIR : *Je fus bon chasseur autrefois.*

SIMPLE Violette, aimable fleur,
Qui de tous les tems fut l'emblème
Du mérite et de la candeur,
Toi qui peignais la vertu même,
Par quel transport, par quelle erreur
Que doit déplorer ma patrie,
Deviens-tu pour nous la couleur
Et le signe de l'infamie.

Dans nos parterres, dans nos champs,
Tu nous plaisais par ta verdure,
Tu nous annonçais le printemps
Et le réveil de la nature ;
Le vrai Français voit dans ta fleur
Le symbole de la misère,
Et tu lui fais verser des pleurs
Sur notre roi, sur notre père.

Ils se font gloire de te porter,
Ces ingrats, fiers de leur vaillance,
Qui pour un despote étranger
Ont trahi leur prince et la France ;
Tu décores aussi les chapeaux
De ces effroyables mégères
Qu'on a vu tourner le fuseau
Dans les assemblées populaires.

Violette, sois leur ornement,
Sois la marque de leur délire,
Mais tu n'es plus dès ce moment
La fleur que la vertu respire ;
Tu n'annonces plus les beaux jours,
La beauté te fuit, te regrette ;
L'on ne verra plus les amours
Dans nos bois cueillir la violette.

LE RETOUR DU BRAVE.

Air : *Il était une fille.*

Au beau milieu d'une île,
  Un ogre résidait,
Et tout le monde le craignait ;
  Echappé de sa ville,
  Il reparaît céans,
Pour manger nos enfans — ans.

Il se croit Charlemagne,
  Car il le dit souvent,
Mais autant emporte le vent.
  Il sut prendre en Espagne,
  En Egypte, à Moscou,
Ses jambes à son cou — ou.

Son aigle est son image,
  De clocher en clocher,

Son grand talent est de voler ;
　　Mais après le pillage,
　　La peur d'être vaincu
Lui fait tourner le cul — u.

　　Triomphante rentrée
　　Pourrait faire du bruit,
Sa bravoure choisit la nuit ;
　　Char à grande livrée,
　　Escorté de ses gens ;
Mais il n'est pas dedans — ans.

Pour le bien de la France,
　　Il arrive à Paris :
« Bourgeois, dit-il, soyons amis ;
　　En pleine confiance,
　　Je me jette en vos bras,
Mais ne m'approchez pas — as. »

Pourtant aux Tuileries,
　　L'œil d'un peuple hébété
Le cherche avec avidité ;

Lui, dans ses singeries,
Veut bien comme un hibou
Se montrer par un trou — ou.

Au palais de ses maîtres,
Il ne voit dans la nuit
Qu'un spectre affreux qui le poursuit,
Son cortège de traîtres,
Nous dit quelle sera
La fin de l'opéra — a.

VERS.

Allant à l'échafaud, tout le long de la route,
Delamotte (1) criait : Vive Napoléon !
Bravo ! s'écrie un homme qui l'écoute ;
Tout brigand en mourant invoque son pa-
tron.

(1) Assassin condamné à mort.

L'ARRIVÉE DE LOUIS XVIII,

OU

LE *God save the king* DES FRANÇAIS.

Des Bourbons généreux,
Le retour en ces lieux,
   Comble nos vœux.
Avec eux et par eux,
Ainsi que nos aieux,
   Soyons heureux !
Nos yeux sont éblouis,
Nos maux évanouis,
Nos cœurs épanouis,
   Vive Louis !

Fils de Henri-le-Grand,
Sur nous, du haut du rang
   Que Dieu te rend,
Jette un regard clément,

Et reçois le serment
    Du sentiment :
Vois tes jours embellis,
Tes ordres accomplis,
A jamais rétablis,
    Vivent les Lis !

La Paix calme les airs,
Et la terre et les mers ;
    Plus de revers !
Les cieux sont entr'ouverts
    Aux fraternels concerts
    De l'univers.
Les peuples dont les lois
    Garantissent les droits,
Chantent tous d'une voix,
    Vivent les Rois !

LE DÉPART DE L'OGRE.

Air *du Premier pas.*

Fais ton paquet,
Maudit ogre de Corse ;
Sont superflus tes douleurs, tes regrets.
Il faut partir, soit de gré, soit de force ;
Ton hameçon a perdu son amorce.
Fais ton paquet.

Fais ton paquet,
Quitte le territoire,
Emporte tout, excepté nos regrets ;
Il est passé, le temps de la victoire ;
Ah ! puissions-nous en perdre la mémoire !
Fais ton paquet.

Fais ton paquet,
Adieu, père Laviolette,
De tes hauts faits nous avons le secret.

Chacun se dit en lisant la Gazette :
Grande nouvelle et jolie amusette ;
C'est un paquet.

AGONIE ET MORT DE NICOLAS.

La Russie est la garde-malade,
L'Angleterre fournit la médecine,
L'Autriche donne l'extrême-onction,
La Suède sonne l'agonie et la mort,
Le Dannemarck porte la croix,
L'Espagne creuse la fosse,
La Prusse le met dedans,
L'Italie donne l'eau bénite,
La France paye l'enterrement,
Et tout le monde est content.
  Ainsi-soit-il.

SECOND DISCOURS
DE Mme. ANGOT, A S. M.

Air : *du Curé de Pompone.*

Tiens, t'as beau dire, Napoléon,
   T'as queuq' chose qui t' tracasse ;
Tu n' fais pas tant le Rodomont ;
   T'as peur pour ta carcasse :
     Tu n' nous l' cacheras pas,
       Nicolas,
Je l' lisons sus ta face.

J' voyons ben qu' t'es dans l'embarras,
   Qu' t'es mal dans tes affaires ;
Dam' aussi t'es un fier à bras
   T'es pir' que mill' tonnerres,
Mais tu n' voyais donc pas,
      Nicolas,
Qu' ça t' men'rait z'aux galères ?

Avec la gloir' d'un Empereur
    Faut pourtant qu' ça s'accorde ;
Tiens, si tu veux, toi qu'as du cœur,
    J' te fournirons un' corde,
Et dam' tu la gob'ras,
      Nicolas,
    N'y a pas d' miséricorde.

J' nous chargeons de ton oremus
    Quand tu s'ras dans l'aut' monde,
J' dirons com'ça, puis qu'i' n'y est
                  plus,
    Que le diable l' confonde !
Va, je n' t'oublirons pas,
      Nicolas.
    J' pouvons ben t'en répond'e.

A ta place j' mettrons l'bon roi
    Pour qui la Franc' soupire ;
Dam' c'n'est pas un malin com'toi,
    Qui n' rêv' qu'au grand empire,

Mais j' n'en s'rons jamais las,
    Nicolas,
Y a trop d'temps qu'on l' désire.

Va-t-en donc vît' fair' ton paquet,
    Belzébuth te réclame;
De son pays tu s'ras le bouquet,
    C'est digne de ta grand'âme,
Et pour pass'temps, là-bas,
    Nicolas,
T'atiseras la flamme.

BELLE RÉPONSE.

Lorsque le général Mallet parut à la commission militaire, il fit cette réponse au Président, qui lui demandait le nom de ses complices : « Si j'avais réussi, j'aurais « pour *complices* la France, l'Europe et « vous-même. »

LE RETOUR DES BOURBONS.

CHANT FRANÇAIS.

Air *de la Sentinelle.*

Je te salue ô jour trois fois heureux !
Jour à jamais cher à toute la France,
Où sur les pas d'un prince aimé des cieux,
On voit rentrer la paix et l'abondance.
Gloire à LOUIS, gloire à ce roi puissant,
Il vient sécher les larmes de la terre,
   Et loin de s'abreuver de sang,
   A la mère il rend son enfant,
   A l'orphelin il rend son père.

Ils ont les traits, le cœur du grand Henri,
Tous ces héros que le ciel nous ramène,

Ces fiers Bourbons, que notre œil at-
	tendri
Peut contempler aux rives de la Seine.
　Sur l'auguste front de Louis,
　Comme elle sied bien la couronne !
　Honneur antique de nos lis,
　Tu viens à nos regards surpris
　De ton éclat parer le trône.

Entendez-vous retentir dans les airs,
Des cris touchans d'amour et de vail-
	lance ?
Vive LOUIS ! redisent nos concerts,
Vive LOUIS ! a répété la France.
　Sous l'abri de ce nom sacré,
　Elle va renaître, embellie.
　Vive LOUIS le Desiré !
　Vive ce Monarque adoré !
　Ce Roi, père de la patrie,

Disparaissez, signes avilissans
De la révolte et de la tyrannie ;

Relevez-vous, panaches, drapeaux blancs,
Noble attribut de la chevalerie ;
Pour son roi, sa dame et l'honneur,
Tout Français jure de cambattre ;
Tout Français brûle au fond du cœur,
De suivre aux champs de la valeur
Les descendans de Heri quatre.

UN BON ROI ET LA PAIX.

Le *mardi trois mai*, jour prospère,
Je criais fort : *Vive le Roi !*
Un quidam placé près de moi,
Doutait que mon vœu fût sincère.
Ventrebleu ! lui dis-je en colére,
Je vois qu'il vous faut des garans.
Eh bien ! en voici... Je suis père ;
Je veux conserver mes enfans.

COUPLETS

Chantés au Théâtre Français, devant le Roi et la duchesse d'Angoulême le 21 mai 1814.

AIR : *Comme faisaient nos pères.*

De Henri descendant heureux,
 Recevez notre hommage,
 Vous nous rendez l'image
De ce monarque généreux.
 Tout fait connaître
 Que ce bon maître,
 Que ce bon maître
 Parmi nous va renaître.
Oui, ses vertus sont votre lot,
Et nous pourrons, mettant beintôt
Les dimanches *la poule au pot*,
 Couler des jours prospères,

Tout comme ont fait nos pères,
Tout comme ont fait (*bis.*) nos pères.

Mais déjà comblant nos souhaits,
Votre auguste clémence
N'use de sa puissance
Que pour répandre des bienfaits ;
Moins roi que père,
La France entière
En vous révère
Le noble caractère
Que vous tenez du bon Henri
Oui, vous nous dites comme lui :
Français, je viens de mon peuple chéri,
Soulager les misères,
Tout comme ont fait nos pères,
Tout comme ont fait (*bis.*) nos pères.

Qu'on aime à contempler les traits
De l'auguste Marie !
Que l'ame est attendrie

En voyant cet ange de paix !
Toute sa vie
On vit Marie,
On vit Marie
Penser à sa patrie ;
Le ciel voulant sécher nos pleurs,
Voulant adoucir nos douleurs,
Et mettre un terme à nos malheurs,
L'envoya sur la terre,
Pour nous servir de mère,
Pour nous servir (*bis.*) de mère.

AUX DAMES

Qui portent des lis sur leurs Chapeaux.

Nous verrons triompher Louis.
Dès ce jour cessons de nous plaindre ;
Quand la beauté soutient les lis,
La France n'a plus rien à craindre.

DIEU, MA DAME ET MON ROI,

OU LE VŒU D'UN GARDE NATIONAL.

Air de M. le chevalier Piis.

EN avant ! le ciel me contemple,
Et D'ARTOIS est mon colonel.
Sur ses pas je vais jusqu'au temple,
Adorer d'abord l'Éternel ;
Providence ! après tant d'alarmes,
Te bénir est ma douce loi !
Je voudrait rester sous les armes
POUR MON DIEU MA DAME ET MON ROI.

Recevez mon second hommage,
Sexe aimable, humain, courageux,
Qu'on a vu souvent le plus sage
Dans le cours des temps orageux.
Vos vertus augmentent vos charmes ;
Vous chérir est ma douce loi.

Je voudrais rester sous les armes,
POUR MON DIEU, MA DAME ET MON ROI.

Est-il donc un trésor qui vaille
Ce beau lis fixé sur mon cœur!
Par ce signe un jour de bataille,
O BOURBONS! je serai vainqueur (1).
Mais la paix sèche enfin nos larmes;
Vous servir est ma douce loi.
Je voudrais rester sous les armes
POUR MON DIEU, MA DAME ET MON ROI.

PENSÉE D'UN BON FRANÇAIS.

AFFREUX printems, tu mêles, cette année,
La violette avec les noirs soucis;
Mais de l'été la saison fortunée
Ramènera la rose avec les lis.

(1) *In hoc signo vinces.*

CHARTE DES FRANÇAIS.

AIR : *Fêter, chérir toutes les belles.*

JURER amour, obéissance
Au plus vénérable des rois ;
Protéger contre la licence
Le culte, les mœurs et les lois :
Pour Louis et pour la patrie
Donner ses biens, et sans regret,
Sacrifier... même la vie, } bis.
Voilà la *Charte* des Français.

Ne combattre que pour la gloire,
Se montrer généreux vainqueur ;
Et n'accepter de la Victoire
Rien... que la palme de l'honneur ;
De ses torts ne punir personne,
Et dire, en versant ses bienfaits,
J'imite LOUIS, *il pardonne* :
Voilà la *Charte* des Français.

Avec chaleur, avec ivresse,
Servir l'amour et l'amitié;
Au doux plaisir, à la tendresse
De ses jours donner la moitié;
Et quand nos yeux à la lumière
Voudront se fermer pour jamais,
Gaîment terminer sa carrière :
Voilà la *Charte* des Français.

MONSIEUR CRÉDULE.

Ronde burlesque et demandée.

Air : *Cadet-Roussel est bon enfant.*

Monsieur Crédule est bon enfant, (*bis.*)
Il croit qu' jamais journal ne ment, (*bis.*)
La moindre nouvelle le consterne,
Un' vessie lui sembl' une lanterne,

Ah! ah! ah! mais vraiment,
Monsieur Crédule est bon enfant.

Quand le Corse pris au filet
Est en cage comme un poulet,
Monsieur Crédule chaqu' matinée
S'en va l'attendre à l'Élysée.
  Ah! ah! ah! etc.

On lui disait qu' Napoléon
Allait s'embarquer pour Boston ;
Y n'voyait pas dans sa vieil' carte,
Qu'i' n' s'agissait q' d'une partie de carte.
  Ah! ah! ah! etc.

Il croit qu' nous nous faisons payer
Pour venir tous les soirs crier,
Et q' c'est pour mieux cacher l'affaire,
Qu'on met tout Paris dans l' mystère.
  Ah! ah! ah! etc.

Il sourit aux gard' nationaux
Qui n'ont pas d' cocarde au chapeau ;
Y n' comprend pas q' la tricolore
Chez le teinturier est encore.
    Ah ! ah ! ah ! etc.

On lui dit qu' l'impérial marmot
Par la route de Fontain'bleau,
Pour régner, arrive en carrosse ;
Monsieur Crédul' donn' dans la bosse,
    Ah ! ah ! ah ! etc.

Il croit qu' l'emp'reur des Autrichiens
N'a mis en campagn' tous les siens
Que pour établir la régence ;
Y n' sent pas qu' c'est un conte ben rance.
    Ah ! ah ! ah ! etc.

On lui fait croire qu' Wellington
Emporte chez lui l' Panthéon,
Le Louvre et la Bibliothèque,

Pour y placer un hypothèque.
    Ah! ah! ah! etc.

Il croit bon'ment qu' Napoléon
Nous emporte plus d'un million ;
Comme si c'Rénaud gras comme un moine,
N'avait pas mangé l' patrimoine.
    Ah! ah! ah! etc.

Le jour où Madame à Paris
Est venue rejoindre LOUIS
Crédule attendait Marie-Louise…….
Jugez un peu comme ça dégrise.
    Ah! ah! ah! etc.

C'est ben vrai qu'à c' coup nous perdons,
Avec lui queuq' Napoléons,
Mais faus' monnaie, c' n'est qu'un vétille,
Car il n'emmène que sa famille :
    Ah! ah! ah! de c'te pert'là
Monsieur Crédule on consol'ra.

SUR LE RETOUR DE NICOLAS.

POT-POURRI.

Air : *Bonjour mon ami Vincent.*

Le v'là r'venu de son rocher,
Comme un échappé d' galères,
L'pendart veut encor' goûter
L' plaisir d' boul'verser la terre.
Déjà qu'y nous dit : y n'y a pas de milieu,
Faut à vos enfans ben vît' dire adieu,
Y z'ont vécu d'trop une année entière ;
Mais me v'là de r'tour nous verrons beau jeu.
Allons vîte au feu,
J'espèr', ventrebleu,
Qu'y zy pass'ront tous avant qu'i' soit peu.

AIR : *Voulez-vous savoir l'histoire !*

O Français ! queux chiens q' vous faites,
    Où c' qu'est votre honneur ?
Vous n'avez plus, vraies girouettes,
    Pour deux liards de cœur.
L'meilleur des rois r'prend sa place,
    Vous dit' queu bonheur !
V'là l'aut' gredin qui le chasse :
    Vît' viv' l'empereur !

AIR : *Ça ne se peut pas.*

C'est maintenant une chos' ben claire,
Qu'i n'y a pas de Bon Dieu là-haut ;
Sans ça lais'rait-il sus la terre
Un homm' qui la mang'ra bentôt ?
C'est désespérant ; dans ma rage,
Moi j'lui tordrais ben l' cou.. Mais quoi !
Y ne me manqu' qu'un peu d'courage,
Ah ! qu'est-ce qui s'ra plus brav' que moi ?

AUTRE.

Air *du Pas* redoublé.

Soldats, officiers, généraux,
  Enfans de la victoire,
Il faut rejoindre vos drapeaux,
  Et voler à la gloire;
Courez, courez tous au-devant
  Des troupes ennemies;
Moi, pour diriger vos élans,
  Je reste aux Tuileries.

Sous un roi pacifique et doux,
  Vous n'aviez rien à faire,
Mais me voilà, que voulez-vous ?
  Le désordre et la guerre;
Eh! bien, ma trêve de vingt ans
  Restera dans ma poche,
Pour que vous puissiez, mes enfans,
  Faire mainte bamboche.

Volez donc, mes amis, volez
    Au combat, au carnage,
Saccagez tout, et n'épargnez
    Ni le sexe ni l'âge ;
Visitez bien chaque maison
    Du grenier à la cave :
Meurtre, pillage, tout est bon
    Pour amuser nos braves.

Vous allez partir, mais d'abord,
    Jurez, je vous l'ordonne,
De défendre jusqu'à la mort
    Mon auguste personne ;
Vous le jurez ? bien, maintenant,
    Que chacun de vous jure
De n'être plus dorénavant
    Ni traître ni parjure.

Par malheur, tous les potentats
    Me déclarent la guerre ;
Vous aurez même sur les bras
    Les troupes du beau-père.

Mes ennemis sont très-nombreux ;
    Mais, ma foi, peu m'importe,
Je les brave tous, si je peux
    Gagner encor la Porte.

Pour le repos du genre humain,
    J'armerai sans scrupule
Filous, escrocs, voleurs, enfin
    Mainte et mainte crapule ;
Et l'on dira, si mes amis
    Tombent sous la mitraille,
Il a purgé notre pays
    De toute la canaille.

LA ROSE ET LA VIOLETTE.

CHANSON ALLÉGORIQUE.

AIR : *C'est ce qui me désole.*

PARMI les trésors du printemps,
La violette tient son rang ;

Mais c'est si peu de chose,　　(bis.)
Pour la cueillir, il faut chercher :
Je n'aime pas à me baisser ;
　　Je m'attache à la rose.

La violette au papillon
Quelquefois montre son bouton,
　　Mais c'est si peu de chose,
Bientôt il la méprisera,
Et soudain il s'attachera
　　Au bouton de la rose.

Rose brille dans nos jardins,
La violette en tous chemins
　　Se cache sous l'herbette ;
Et partout où rose sera,
Pour la cueillir, on foulera
　　Aux pieds la violette.

AUTRE.

Air : *Rendez-moi mon écuelle.*

Du plus infâme des tyrans,
   Indignes Janissaires,
N'allez pas vous donner les gants
   De vos vœux mercénaires;
Gardez seuls vos sermens
   Vos honneurs vos salaires :
Rendez-nous notre père de Gand,
   Rendez-nous notre pere.

Votre char naguère si roulant
   Ne marche qu'avec peine,
Et suit hélas bien tristement
   Une route incertaine.
Pour lui rendre son mouvement,
   Pour mieux tenir les rênes,
Rendez-nous notre père de Gand,
   Rendez-nous notre père.

En faisant massacrer nos enfans
 Qu'il retient dans ses chaînes,
Bonaparte nous dit gaîment
 Qu'il va finir nos peines.
Puisque le tigre en ce moment
 Veut prendre des mitaines,
Reprenons notre père de Gand,
 Reprenons notre père.

Sur leurs mains dégoûtantes de sang
 Ses ministres intimes
Voudraient cacher, mais vainement
 La trace de leurs crimes,
Pour voiler ces témoins sanglans
 Aux yeux de leurs victimes,
Il faudrait notre père de Gand,
 Il faudrait notre père.

LA PARISIENNE.

Romance composée durant l'anarchie.

Air : *Charmante Gabrielle.*

De ton peuple fidèle,
LOUIS, entends la voix;
Son amour le rappèle
Au trône de ses Rois.
Après trois mois d'absence
Et de douleurs,
Reviens par ta présence
Sécher nos pleurs.

CHŒUR.

Air : *Vive Henri-quatre.*

Vivent nos princes!
Vive, vive Louis!
Dans nos provinces,
Aussi bien qu'à Paris,

On chérit nos princes
Et le bon Roi Louis.

Nobles fils d'Henri-quatre,
Faut-il armer nos bras ?
Marchons ! que pour combattre,
Vos lis guident uos pas ;
La foudre dans Lutèce
 S'allumera,
Et sa mâle jeunesse
 Vous vengera.

 Vivent nos princes, etc.

Toi dont l'auguste image
Nous charme nuit et jour,
LOUIS, notre courage
S'accroît de notre amour ;
A ta cause immmortelle
 Fier de s'unir,
Tout bon Français pour elle
 Voudrait mourir.

 Vivent nos princes, etc.

La pâle tyrannie
Redoute nos remparts ;
Partout sa tête impie
Affronte nos regards...
Ciel ! qui vois sa bassesse
   Avec horreur,
Punis notre faiblesse
   Ou sa fureur.

   Vivent nos princes, etc.

Le tyran de nos larmes
Se rira-t-il toujours ?
Fils de Lutèce, aux armes !
Qu'il tremble pour ses jours !
Mais ciel ! qu'entends-je ?.....
              O France !
  Sois sans effroi ;
L'Europe qui s'avance
   Te rend ton Roi.

   Vivent nos princes. etc.

Oui, déja la victoire
Le ramène en nos murs :
Entrez, fils de la gloire,
Fuyez, soldats impurs !
L'aigle qu'un peuple abhorre
   Est terrassé,
Et l'univers encore
   S'est embrassé !

CHŒUR.

Vivent nos princes !
Vive, vive Louis !
  Dans nos provinces,
Aussi-bien qu'à Paris,
  On chérit nos princes,
Et le bon roi Louis !

COUPLETS

Chantés dans une réunion de royalistes, à La Rochelle, le 14 juillet 1815.

Air : *C'est un sorcier.*

Aujourd'hui nous que l'on voit rire,
Que l'on entend chanter gaîment,
Naguère nous n'osions sourire,
Et nous ne chantions qu'en tremblant ;
Mais depuis que Louis en France,
A su nous ranger sous sa loi,
  Plus d'effroi :
  A sa foi
Nous liant avec assurance,
Nous répétons, heureux Français :
Vive le roi, vive la paix !

Nous ne voyons plus de la guerre
Les apprêts toujours effrayans ;

De la mort la faulx meurtrière
Respecte enfin nos jeunes ans.
Au regne affreux de l'esclavage
Succède celui du bonheur,
  Et de cœur,
  Tous en chœur,
En bénissant notre partage,
Nous répétons, heureux Français :
Vive le Roi ! vive la paix !

Sans chagrin, aujourd'hui nos pères,
Nous prodiguent leurs soins touchans,
Et nous ne voyons plus nos mères
Répandre des pleurs déchirans.
Toutes nos sœurs au mariage
Peuvent prétendre maintenant.
  Doux moment !
  Constamment
Le beau tems vient après l'orage,
Ah ! répétons, heureux Français :
Vive le Roi ! vive la paix !

Au doux charme de l'espérance
Livrons-nous : nos maux sont finis ;
Chantons à jamais l'alliance
De la paix, l'honneur et les lis.
Enfin, après tant de misères,
Amis, pour nous consoler tous,
  Aimons-nous.
  Qu'il est doux
De former un peuple de frères,
Et de chanter, heureux Français :
Vive le Roi ! vive la paix !

Un bon accord est nécessaire
Pour le bien d'une nation ;
Toujours une famille entière
Perd sa force sans union ;
Et si, par la suite, la France
Avait encor des ennemis,
  Mes amis,
  Tous unis,
Comptant sur notre intelligence,

N'ayons qu'un cri pour toute loi :
Vive le Roi ! vive le Roi !

LA ROYAUTÉ IMAGINAIRE,

ou

LE CHATEAU EN ESPAGNE.

Air *du premier Pas.*

Si j'étais roi,
Pierre, il faut que tu saches,
Disait Gros-Jean, que j'aurais soudain,
moi
Un grand cheval avec de beaux panaches ;
Monté dessus, je garderais mes vaches,
Si j'étais roi. (*bis.*)

Si j'étais roi,
Tiens, lui répondit Pierre,
Voici, Gros-Jean, ce que je ferais, moi :
J'adoucirais le sort de mon vieux père,
Je donnerais du pain blanc à ma mère,
Si j'étais roi.

Si j'étais roi,
Je mettrais tout mon zèle
A respecter, à faire aimer la loi ;
On bénirait ma bonté paternelle ;
Car je prendrais notre roi pour modèle,
Si j'étais roi.

Si j'étais roi,
Lindor, juriste grave,
Dans mon conseil aurait un bel emploi ;
Paul, de Bacchus le sujet le plus brave,
Serait chargé de veiller sur ma cave,
Si j'étais roi.

Si j'étais roi,
Douce et gentille OEnone,

Je serais fier de régner avec toi;
Simple et sans nom, je n'ai point de cou-
ronne:
Je t'offre un cœur; je t'offrirais un trône,
Si j'étais roi.

Si j'étais roi...
Pourquoi ce vœu stérile?
Je suis heureux, c'en est assez, ma foi.
Content de peu, dans mon modeste asile,
Je vis en paix; vivrais-je aussi tranquille,
Si j'étais roi?

VERS.

Prenez du sang de Robespierre,
Et la cervelle de Néron,
Le cœur de Tibère,
Vous aurez un Napoléon.

VIVE HENRI, VIVE LOUIS!

Air : *Mon galoubet.*

Vive Henri! vive Louis!
Ces deux mots marchent bien ensemble;
Ils sont également chéris :
De nos chants que l'heureux ensemble,
Comme dans nos cœurs les rassemble....
Vive Henri! vive Louis!

Vive Henri! vive Louis!
Ces deux bons monarques en France
Feront toujours aimer les lis :
Fleur de vertu, fleur d'innocence
Est aussi la fleur de vaillance....
Vive Henri! vive Louis!

Vive Louis! vive Henri!
Vivent les héritiers du trône,

D'Artois, d'Angoulême et Berri !
Vive aussi l'auguste amazone ,
Que de lauriers Bordeaux couronne !..
Vive Louis ! vive Henri !

Vive Henri ! vive Louis !
C'est le cri de la France entière,
Le cri de vingt peuples amis !
Dans nos cœurs, sur notre bannière,
Ayons pour devise guerrière :
Vive Henri ! vive Louis !

Vive Henri ! vive Louis !
Qu'il règne à jamais ce bon père !
Nos maux seront bientôt guéris.
A sa voix consolante et chère,
Un grand peuple se régénère.
Vive Henri ! vive Louis !

LE VOEU

DE MONSIEUR, FRÈRE DU ROI.

(15 Avril 1814.)

AIR : *Avec les jeux dans le village.*

A la ville ainsi qu'au village
Comment ne chérirait-on pas
Le prince auguste, aimable et sage
Qui du Roi devance les pas !
Que ses paroles nous sont chères !
Et qu'on doit bien s'en souvenir !
« *Ne formons qu'un peuple de frères ;*
« *Ne songeons plus qu'à l'avenir.* » (bis.)

Déja la Discorde est partie,
De peur de voir son front royal ;
La France en a pour garantie
Sa foi de chevalier loyal.
Sur nos écus, sur nos bannières

Que son cri le fasse bénir !
« *Ne formons qu'un peuple de frères ;*
« *Ne songeons plus qu'à l'avenir.* »

Henri, d'heureuse renommée,
Ce roi, le meilleur des humains,
Comme pour embrasser l'armée,
Etendait parfois les deux mains..!
Puisqu'entre ses bras tutélaires
Son petit-fils veut nous tenir,
« *Ne formons qu'un peuple de frères ;*
« *Ne songeons plus qu'à l'avenir.* »

Le ciel nous donne enfin pour maître
Un père dont les doux regards
Sous peu de tems feront renaître
La paix, le commerce et les arts.
Troubadours, tous vos chants prospères
Par ce refrain doivent finir :
« *Ne formons qu'un peuple de frères ;*
« *Ne songeons plus qu'à l'avenir.* »

CHANSON.

Air : *De Figaro* ou *Cœurs sensibles.*

On me croit un pauvre diable,
Et je suis homme de bien
Je fus longtems misérable
Et très-pauvre citoyen ;
Aujourd'hui j'ai de l'aisance,
Car vous savez, mes amis,
Qu'on n'est pas dans l'indigence
Quand on possède un Louis.

Avec ce Louis, j'espère
Que je pourrai m'enrichir ;
Cela ne tardera guère,
Vous allez en convenir.
D'abord, de la loterie
Déterminons le hasard :
Du bonheur de ma patrie
Je prétends avoir ma part.

Je ne suis pas égoïste,
De moi vous serez content ;
Je vais vous donner la liste
Des numéros que je prends,
Quatre et dix-huit j'aime à suivre :
Sur des numéros si bons
Je mets de côté pour vivre
Beaucoup de Napoléons.

L'HÉROINE DE BORDEAUX.

Air *d'Agnès Sorel.*

Louis, ta fidelle Antigone,
Jadis guida tes pas errans ;
Naguère avec toi sur le trône
Elle consolait tes vieux ans.
Aujourd'hui qu'une horde impie
Livre ton sceptre à nos bourreaux,

Reconnais ta nièce chérie
Dans l'héroïne de Bordeaux.

Déja, dans l'ardeur qui l'enflamme,
Fuyant la crainte et le repos,
Elle ose, et la voix d'une femme
De tes sujets fait des héros.
Pour te rendre ton héritage,
Bravant et peines et travaux,
Tout Français aura le courage
De l'héroïne de Bordeaux.

Aux champs périlleux de Bellone
Pour toi Thérèse arme son bras,
Et son front qu'un laurier couronne
Sourit à la gloire, aux combats.
Bientôt d'innombrables cohortes
Se rangeront sous ses drapeaux;
Et Paris ouvrira ses portes
A l'héroïne de Bordeaux.

Français, nobles fils de la gloire,

Nous, tous fiers d'un aussi beau nom ;
Jurons d'arracher la victoire
Au perfide Napoléon.
Marchons ! que le tyran expie.
L'horreur de ses forfaits nouveaux;
Et qu'un même vœu nous rallie
A l'héroïne de Bordeaux.

COUPLET.

AIR : *Femmes voulez-vous éprouver.*

Que de lauriers tombés dans l'eau !
Et que de fortunes perdues !
Que de gens réduits au tombeau
Pour porter Bonaparte aux nues !
Ce guerrier vaut son pesant d'or,
En France personne n'en doute;
Mais il vaudrait bien mieux encor,
S'il valait tout ce qu'il nous coûte (*bis.*)

LE ROI ET MA MÈRE,

Impromptu chanté dans un banquet le jour de la Saint-Louis.

Air : *La bonne chose que le vin !*

Entendez-vous de tous côtés
Retentir ces chants d'allégresse !
Voyez nos Français enchantés
A Louis prouver leur yvresse !
Moi, je suis doublement heureux,
Et vous en conviendrez, j'espère ;
Ils ont un plaisir : j'en ai deux,
Fêtant mon Roi, fêtant ma mère.

Un bon Français aime son Roi,
Un bon fils adore sa mère,
Le Français est soumis au Roi,
Le fils obéit à sa mère.

Qu'une mère ait quelque rigueur,
Ou qu'un Roi se montre sévère,
N'importe... il n'est point de bonheur
Loin de son Roi, loin de sa mère.

Voyez cet enfant au berceau !
L'œil de sa mère le surveille ;
Pour le Roi c'est un fils nouveau :
Sur lui déja son amour veille ;
L'une le suivant pas à pas,
A ses jeunes ans s'intéresse,
Oui ; mais le Roi, *qui ne meurt pas*,
Le suit jusque dans sa viellesse.

Ici je vous prends à témoins,
Mères de la Grèce et de Rome,
Vos pays durent à vos soins
Plus d'un héros, plus d'un grand homme.
Votre ardeur s'empare de moi,
Manes sacrés, que je révère :
Je veux consacrer à mon Roi
Les jours que je tiens de ma mère.

CHANSON.

Air : *Vive Henri quatre !*

Fils d'Henri quatre,
O Louis ! ô mon Roi !
S'il faut se battre,
Nous nous battrons pour toi ;
En vrais diable à quatre,
Je t'en donne ma foi.

Vive Alexandre !
C'est l'ami des Bourbons ;
C'est pour nous rendre
Un roi que nous aimons,
Qu'il vient nous défendre,
Avec ses escadrons.

Bon Roi de France,
Si longtems attendu,
La Providence

Enfin nous a rendu
　La paix, l'espérance,
Cela nous est bien dû.

　Toi, d'Angoulême,
Fille de tant de Rois;
　La vertu même.
Mille échos, mille voix
　Disent que l'on t'aime
Comme on aime d'Artois.

　Chant d'allégresse,
Chant du cœur, chant d'amour,
　Redis sans cesse,
Et redis nuit et jour
　Que dans notre yvresse
Nous chantons leur retour.

CHANSON.

Air : *Au vrai bonheur l'amour prétend.*

Le Corse de madame Angot
N'est pas le Corse de la Corse ;
Mais le Corse de Marengo
Est d'une bien plus dure écorce,
L'un vous soutire votre argent
Pour faire aller sa comédie ;
L'autre suce tout votre sang
Pour achever sa tragédie.

AUTRE.

Air : *Va-t-en voir s'ils viennent, Jean.*

Je chante Napoléon,
Des rois le plus sage,

Car jamais l'ambition
Ne fut son partage.
Va-t-en voir s'ils viennent, Jean,
Va-t-en voir s'ils viennent.

Du trône il est descendu,
Il quitte la France ;
Son retour nous a rendu
La paix, l'abondance.
Va-t-en voir, etc.

Nous sommes tous ses enfans,
Il est notre père ;
C'est l'ami des jeunes gens,
Et sur-tout des mères.
Va-t-en voir, etc.

De nos princes bien aimés
Il suivra les traces,
Et dans tous les cœurs bien nés
Il prendra leurs places.
Va-t-en voir, etc.

Qui pourrait ne pas aimer
Ce monarque auguste ?
Il est bien fait pour régner ;
Il est bon et juste.
Va-t-en voir, etc.

Il est permis de former
Des vœux raisonnables,
C'est de le voir emporter
Un jour par les diables.
Vas voir s'ils en veulent, Jean,
Vas voir s'ils en veulent.

POT-POURRI.

Airs connus.

Allons enfans de la patrie,
Le jour de gloire est arrivé !....

Va-t-en voir s'ils viennent, Jean,
Va-t-en voir s'ils viennent.

Malbroug s'en va en guerre,
Mironton, ton ton, mirontaine,
Malbroug s'en va en guerre.....

Mourir pour sa patrie,
Mourir pour sa patrie.....

La bonne aventure, ô gué,
La bonne aventure !

Dansons la carmagnole,
Vive le son, vive le son,
Dansons la carmagnole.....

Je n' saurais danser,
Ma chaussure est trop étroite,
Je n' saurais danser,
Ma foi, j'ai trop mal au pied.

La victoire, en chantant,
Nous ouvre la barrière,
La liberté guide nos pas,
Et du nord au midi, la trompette guerrière
A sonné l'heure du combat,
Tremblez, ennemis de la France.....

Et ne vendez la peau de l'ours
Qu'après l'avoir couché par terre.....

Peuple français, peuple de frères,
Peux-tu voir sans frémir d'horreur
Le crime arborer la bannière
Du carnage et de la terreur?
Tu souffres qu'une horde atroce
Et d'assassins et de brigands.....

On va leur percer le flanc,
Ran plan, ran plan, plan,
Tire lire en plan.
On va leur percer le flanc.....

Eh ! mais oui da,
Comment peut-on trouver du mal à ça ?

Représentant d'un peuple juste,
Et vous, législateurs humains.....

Sautez par la croisée,
Sautez par la croisée,

Ah ! ça ira, ça ira, ça ira.....

A l'eau, à l'eau.
Pauv' Jacques, t'as bien mieux fait,
T'as bien mieux fait de porter tes sciaux.

CHANSON.

Air nouveau.

Amis, enfin voici le jour
Qu'attendait tout Français fidèle ;

Guidé par l'honneur et l'amour,
Suivons Louis qui nous appelle.
Ventre-saint-gris, au nom du fils d'Henri,
Français, du fond de l'âme,
Des anciens preux redis le cri chéri :
   Mon Dieu, mon Roi, ma Dame.

Par de longs et cruels malheurs,
La France, hélas ! se vit abattre ;
Mais le ciel, pour sécher ces pleurs,
Lui rend les enfans d'Henri quatre.
Ventre-saint-gris, etc.

Au blanc panache, aux fleurs de lis
Que tout bon Français se rallie !
Fidélité porte son prix ;
Par le bonheur elle est suivie.
Ventre-saint-gris, etc.

Au noble fils du Béarnais
Rendons son antique couronne,

Et qu'il entende tout Français
Répéter autour de son trône :
Ventre-saint-gris, au nom du fils d'Henri,
Français, du fond de l'âme,
Des anciens preux redis le cri chéri :
    Mon Dieu, mon Roi, ma Dame.

BONAPARTE

JOUANT AU PIQUET.

Il dit :

Je garde pique,
Je joue trèfle,
Je perds sur le carreau
Faute de cœur.

LA FÉDÉRATION

DU FAUBOURG SAINT-MARCEAU.

Air *de la Pipe de tabac.*

Viv' Dieu ! le salut de la France,
Vient de s'nicher dans nos faubourgs ;
V'la la parade qui commence :
Quittons nos habits d tous les jours. (*bis.*)
On dit que j'sommes de la canaille,
Jarni j'nous en faisons honneur,
Pour vu que nous fassions ripaille,
En gueulissant : vive l'empereur ! (*bis.*)

En avant, marchands d'allumettes,
Du trône vous êtes l'appui ;
Le grand héros qui vous achète
Veut que chacun souffre pour lui ;
Savetiers, quittez vos savattes,
Charbonniers, venez dans nos rangs,

Si l'zennemis tomb' sous vos pattes,
J'réponds qu'ils ne seront pas blancs.

Vous qui cherchez des loques à terre,
Quittez vos corbillards de chiens;
De vos chiffons faites des bannières,
Suivez les marchands d'peaux d'lapins;
Mais renfoncez dans vos culottes
Le bout de vos chemises qui pend :
Qu'on n'dise pas que les patriotes
Ont arboré le drapeau blanc.

Ne souffrons plus que l'on nous berne,
J'sommes encor un' fois souverains;
Et, s'il le faut, que la lanterne
Soit le plus beau mot d'nos refrains.
Croyons en s'tila qui gouverne,
Le plus humain des empereurs :
C'est en pensant à la lenterne
Qu'il dit que j'sommes des éclaireurs.

Ne craignons pas que les Cosaques
Vienn' ici nous mettre le feu,
Je tomberons sur leurs casaques
Et je leur ferons voir beau jeu.
S'ils pillent les Bonapartistes,
Je n' nous tiendrons pas à l'écart ;
J' pil'rons plutôt les royalistes :
Du moins chacun aura sa part.

MORALITÉ.

Un Roi juste, paisible est mille fois plus grand
Que celui qui se plaît aux horreurs de la guerre :
Pour tous les peuples de la terre,
Le pire des fléaux est un Roi conquérant.

BRAVOURE et VIVACITÉ
DU PÈRE LA VIOLETTE.
(Jeu de mots.)

Bonaparte se promenait un jour dans son appartement lorsqu'un de ses ministres lui dit : « Regardez, Sire, quelle foule est réunie pour vous voir. » Bonaparte s'avança près de la fenêtre, prit sa lorgnette, et dit : « C'est étonnant; je ne vois pas une figure d'honnête homme. » Il se retira de la fenêtre en ajoutant : « Ah ! mon Dieu ! comme les Bourbons ont rendu mon peuple; je ne vois plus que des bonnets ronds et des vestes. »

Ensuite se retournant vers son ministre, il lui dit : « Je ne veux plus que l'on crie vive l'empereur ! parce que cela me coûte trop cher. » Le ministre se retira pour exécuter les ordres de Sa Majesté.

LE RETOUR DU ROI.

Air : *L'hymen est un lien charmant.*

Trahi par des sujets ingrats,
Qu'avait épargnés sa clémence,
Quelques instans le Roi de France
S'est éloigné de ses états.   (*bis.*)
De ses bourreaux en vain la rage
Avec fureur injuria
Ses vertus, ses malheurs, son âge.   (*bis.*)
L'honneur français l'accompagna
Pendant son pénible voyage.   (*bis.*)

Bientôt les empereurs, les rois,
Pour maintenir la foi jurée,
Lèvent une puissante armée
Qui vole à de nouveaux exploits.
Vive Louis ! plus de carnage ;
La France avec sécurité
A ces héros livre passage.

Le roi, la paix et l'équité
Sont leurs compagnons de voyage.

Aux vœux de tes enfans soumis,
Te voilà rendu, tendre père;
Comme à ton aspect tutélaire
Les cœurs se sont épanouis !
Nous voyons finir cet orage
Qui depuis longtems désolait
Notre pays par son ravage.
Pour toujours le calme renaît :
Tu ne feras plus de voyage.

COSTUME.

Pour mon costume impérial
Je cherche une couleur qui dure:
Rouge de sang, ce n'est pas mal;
Oui, les Français fourniront la teinture.

LE CRI DU PEUPLE.

Air : *Rendez-moi mon écuelle de bois.*

J'étions si z'heureux y a queuq'tems !
    A présent queu misère !
J'som' tout nus et j'crois qu'aux All'mands
    J'montrerons not' derrière :
Pour qu'au moins com' des p'tits Saints-Jeans
    On n'voi' pas not' nature entière,
Rendez-nous notre paire de *Gants*,
    Rendez-nous notre père.

Notre chariot qu'était si roulant,
    Ne va plus qu'avec peine ;
C'est qu' l'atelage a beu l'sentiment
    De stilà qui le mène :
Pour qu'il aille pus rondement,
    Et pour mieux tenir les rênes,
Rendez-nous notre paire de *Gants*,
    Rendez-nous notre père.

C'Nicolas qui était si méchant
   N'fait pus tant l'Croq'mitaines,
I câline pour avoir de l'argent,
   Pus tard i' fra des siennes.
Pour avoir nos écus, not' sang,
   L'coco za beau prend' des mitaines,
J'aimons mieux notre paire de *Gants*,
   J'aimons mieux notre père.

Ces *jacos* qui le voyant puissant,
   Près d'lui sont si z'alertes,
N'sentent pas que tout en l'poussant
   I marchent à leur perte.
Pour cacher les traces du sang
   Dont leurs mains sont encor couvertes,
I n'y avait qu'notre paire de *Gants*,
   I n'y avait qu'notre père.

Ces Césars devant lui si tremblans
   Sont tout fiers d'leu conquête
Et d'avoir trahi tous leu sermens
   Pour se mettre a leu tête :

De c'beau trait laissons leu les gants;
Mais nous qui n'sommes pas d'leu fête,
Conservons notre paire de *Gants*,
Conservons notre père.

LES TOASTS,

CHANSON A BOIRE.

AIR : *Joyeux gourmands, c'est avec vous.*

(*Au Roi, à la Famille royale.*)

CHANTONS, célébrons le retour
Du descendant de HENRI QUATRE,
Et sachons comme eux tour-à-tour
Aimer, rire, boire et combattre;
Buvons à la santé du Roi,
Du père qui ramène en France
La paix, les arts, la bonne foi,
Le bonheur et l'indépendance.

(*Aux Braves, fidèles à leur serment et au Roi, aux Vendéens, aux Marseillais, etc.*)

Buvons aux fidèles guerriers,
Nobles enfans de la patrie,
Qui n'ont point flétri leurs lauriers
En soutenant la tyrannie.
Buvons à tous les bons Français
Dont la valeur, dont la prudence
Ont su déjouer ses forfaits
Et sauver l'honneur de la France.

(*Aux Dames françaises.*)

Buvons à ce sexe charmant,
La gloire et l'honneur de notre âge,
Qui montra tant de dévoûment,
Tant de constance et de courage;
Disons-le tout bas, sans détour,
Notre sort pourrait faire envie,
S'il était fidèle en amour
Comme il le fut à la patrie.

LE DÉPART DES VOLONTAIRES ROYAUX.

Air *du premier Pas.*

Ils partiront; des champs de la victoire,
Ils reviendront tout couverts de lauriers.
Leurs noms transmis à l'éclat de l'histoire
Non teints de sang, mais rayonnant de
gloire.
Ils reviendront.

Leurs premiers pas seront pour la patrie,
Leurs seconds pas pour le Roi, pour
l'honneur,
Et du brigand couvert d'ignominie,
Dès qu'ils auront puni la perfidie,
Ils reviendront.

Pour terrasser un hydre antropophage,
Un cri suffit : vive, vive le Roi !
En vain, le monstre, avide de carnage,

Croit triompher, mais vainqueurs de sa rage,
   Ils reviendront.

Ils reviendront portant sur leur bannière
Paix et repos ; c'est le vœu de nos rois ;
Du sol français ayant banni la guerre,
C'est dans le sein de Louis, leur bon père,
   Qu'ils reviendront.

Quand ils auront vengé nos fils, nos frères,
Bien affermi le trône d'un bon roi,
Tari les pleurs qu'ont répandus, nos mères,
Nous entendrons, au lieu de cris de guerre,
   Vive le Roi ! vive le Roi !

LE LIS ET LA VIOLETTE,

APOLOGUE.

Auprès d'un lis éblouissant, superbe,
Et dont le calice orgueilleux
Charmait l'odorat et les yeux,
Croissait loin des regards, et se cachant
sous l'herbe,
Une gentille fleur,
Emblême de la modestie
Et de la timide pudeur :
La violette enfin, de l'éclat ennemie.
Le ciel était aussi calme que pur,
Et l'astre qui brillait sous la voûte d'azur
Embellissait le lis aussi sa tête altière
Du trône des jardins, l'ornement et
l'honneur,
S'élève noblement et semble encor plus
fier
De son éclatante blancheur.

Tout-à-coup un affreux orage
Couvre d'un voile épais et la terre et les cieux,
Et du sein d'un sombre nuage
S'élance un aigle furieux
Dont la serre encore sanglante
Saisit le lis, l'arrache et le laisse étendu
Près de sa voisine tremblante.
En un moment, hélas! le lis a tout perdu,
Tel on voit ces palais d'orgueilleuse structure
Renversés par la foudre, et tout-à-coup réduits
Au niveau de la frêle, et chétive masure
Qu'à peine il honorait d'un regard de mépris
Après ce bel exploit, tout fier de sa valeur,
Qu'il attribue à sa victoire,
L'aigle, pour se parer, veut avoir une fleur.

Il se croyait couvert d'une immortelle gloire.

La violette, en vain, dans son humble cachette,
Se croit en sûreté. Son agréable odeur
La trahit, et l'oiseau vainqueur
De mainte et mainte fleur dépouille la pauvrette,
Puis s'envole tenant dans son bec destructeur
Une touffe de violette.
On voit après lui les hiboux, les corbeaux,
Les milans, les vautours, enfin tous les oiseaux
Avides de carnage,
De sang, de meurtre, de pillage,
Se rengorger, faire les beaux,
Et d'un pareil plumet décorer leur plumage.
Mais laissous-les pour un instant

Avilir la fleur printanière,
Et revenons au lis, hélas ! dans la poussière.
Auprès de sa voisine il était expirant,
Celle-ci n'eut jamais adressé la parole
Au lis majestueux, au lis éblouissant,
Mais il est renversé, malheureux, languissant ;
Il accuse le sort, gémit et se désole.
  La tendre violette
A la plaintive fleur adresse ce langage :
 « Console-toi, reprends courage,
 Dit-elle au lis, tu n'as pas mérité
 Un tel affront un si cruel outrage ;
Console-toi, l'aigle persécuteur
N'aura pour prix de sa victoire
Que mépris, honte et déshonneur,
 Lorsqu'au sein du malheur
 Le lis a conservé sa gloire ;
Ah ! que n'en puis-je dire autant !
Mais, hélas ! maintenant

Que par la trahison du crime et du parjure
(Quel plus fatal destin!),
Chacun a vu ma fleur devenir sa parure,
Puis-je encore aspirer de mourir sur le sein
D'une vierge innocente et pure?
Ton sort est mille fois plus heureux que le mien.
Bientôt un bras tutélaire
Te rendra ta splendeur première,
Et sera ton vengeur ainsi que ton soutien.
Oui, bientôt du pouvoir suprême,
De la candeur, de la vertu,
Le lis redeviendra l'ornement et l'emblême;
Mais aujourd'hui languissant, abattu,
Et du malheur innocente victime,
Rappelle-toi qu'il est plus glorieux
De succomber en restant vertueux
Que de triompher par le crime. »

VIVE LE ROI !

ou

LE CHANT D'UN FRANÇAIS.

Air *du premier Pas.*

Vive le Roi !
Ce cri qui nous rallie,
Aux méchans seuls inspire de l'effroi :
Ce cri charmant partout se multiplie,
Si bien, qu'en chœur toute la France crie.
Vive le Roi !

Vive le Roi !
Dans les champs de Marsailles,
De Landrecy, de Mons, de Fontenoy,
Quel est le cri qui forçait les murailles ?
Quel est le cri qui gagnait les batailles ?..
Vive le Roi !

Vive le Roi !
Dit avec énergie
A ses geoliers le noble Durosoi ;
Il meurt le jour d'une fête chérie,
Et crie encore, près de quitter la vie :
Vive le Roi !

Vive le Roi !
Qui bornant sa puissance,
Rend chacun libre et s'enchaîne à la loi !
Vive le Roi, modèle de clémence !
Vive le Roi, le père de la France !
Vive le Roi !

Vive le Roi !
Digne du diadême,
Qui rend nos cœurs garans de notre foi !
Vive le Roi, dont le bonheur suprême
Est d'être aimé de son peuple qui l'aime !..
Vive le Roi !

Vive le Roi !
Dont la vaste science,
Des souvenirs fait un heureux emploi.
Tout est présent a sa mémoire immense,
Il n'a jamais oublié.. que l'offense !....
Vive le Roi !

Vive le Roi !
Si le ciel que je prie
D'un héritier un jour me fait l'envoi,
Dans mon amour je veux qu'il me copie
Et qu'à trois mois mon enfant balbutie:
Vive le Roi !

Vive le Roi !
De sa blanche bannière
L'éclat sans tache a calmé notre effroi.
Après vingt ans, l'Europe toute entière
Nous dit, au lieu du cri : vive la guerre !
Vive le Roi !

Vive le Roi !
Ce refrain-là m'inspire,
Et mes couplets sont trop nombreux, je crois.
Non, sur ce point je brave la satire ;
Un bon Français ne peut jamais trop dire:
Vive le Roi !

RÉPARTIE.

Des amis de Bonaparte passaient à la halle en criant : vive l'Empereur ! Une poissarde s'adressant à sa commère, lui dit : « Entends-tu, Marie-Jeanne, entends-tu ces chiens comme ils crient. — Est-ce que cela doit t'étonner, répond la commère ? ils verraient un étron sur le trône qu'ils crieraient : vive la m....! »

CHANGEMENT DE DOMICILE,

EN 1815, AU 20 MARS.

N.poléon, rue de Tournon.
Les ministres, rue de la Lanterne.
Le conseil d'état, rue de l'Égout.
Le tiers consolidé, rue Vide-Gousset.
Les rentiers, rue Saint-Julien-le-Pauvre.
L'armée, rue des Boucheries.
Le ministre de la guerre, rue de la Mortellerie.
La constitution, rue Carême-Prenant.
Les ouvriers, rue des Jeûneurs.
Les Français, rue des Bons-Enfans.
Les honnêtes gens, au Cap de Bonne-Espérance.

LES VOEUX D'UN BON ROYALISTE.

10 AVRLL 1815.

Air *du premier Pas.*

Il reviendra,
　L'invincible Alexandre,
Qui, parmi nous, les Bourbons ramena :
Mons Nicolas du trône va descendre,
Et dans son île en bateau pour se pendre,
　Il reviendra.

Tu reviendras
　De ton erreur fatale,
Soldat français trompé par Nicolas ;
Pour appuyer la marche triomphale
Du bon Louis dans cette capitale,
　Tu reviendras.

Ils reviendront,
Nos maréchaux fidèles ;
Au champ d'honneur toujours ils combat-
tront,
Couverts de gloire et de palmes nouvelles,
Vainqueurs du Corse et des soldats rebel-
les,
Ils reviendront.

Vous reviendrez,
Vieux guerriers de la garde,
Au droit chemin bientôt vous rentrerez ;
Louis vous aime, à vos fronts il lui tarde
Du grand Henri d'attacher la cocarde :
Vous reviendrez.

Ils reviendront,
Nos princes tutélaires,
L'olive en main, et les lis sur le front.
D'Artois, Condé, sur vos nobles bannières,
J'entends redire à nos fils, à nos frères :
Ils reviendront.

Tu reviendras,
Noble fille de France,
Qu'attend Bordeaux pour veiller aux combats :
Dans la cité, veuve de ton absence,
Pour triompher d'une injuste puissance,
Tu reviendras.

Il reviendra,
Notre roi, notre père ;
La douce paix à nos vœux le rendra.
Pour affranchir sa France toujours chère
D'un joug impie et des maux de la guerre,
Il reviendra.

BUONAPARTE

S'est écrié en s'embarquant :

« La main des dieux si longtems suspendue,
« Semble ôter le bandeau qui était sur ma vue..... »

THÉATRE DE L'AMBITION,

PLACE DU CARROUSEL.

Les Comédiens ordinaires de la Révolution donneront incessamment, au bénifice d'une famille indigente de Corse, la seconde Représentation de

L'EMPEREUR
MALGRÉ TOUT LE MONDE.

Mélodrame tragi-comique, Rapsodie en cinq actes, par quelques anciens sénateurs, revu et corrigé par MM. C... F... L... et plusieurs autres auteurs avantageusement connus. Cette pièce sera suivie des

PRINCES ET PRINCESSES POUR RIRE,

Comédie-Parade en un acte, de M. LA VIOLETTE, auteur de la tragédie intitulée CRIMES SUR CRIMES, OU LE MONDE RENVERSÉ. Le spectacle sera terminé par le

BALLET DES ESCLAVES,

Qui danseront le pas redoublé en arrière; et une ENTRÉE DE TATARES ET DE COSAQUES, de la composition d'un Maître de Ballet du Nord, déja connu par des productions de ce genre.

Nota. Attendu les frais considérables que cette représentation occasionnera, le prix est invariablement fixé à un Napoléon *rogné.*

L'affiche du jour donnera des détails plus étendus.

BAROMÈTRE FRANÇAIS

SOUS NAPOLÉON.

Louis XVIII au beau fixe,
Bonaparte à la tempête,
Les alliés au très-chaud,
Les armées au variable,
Le peuple au très-sec,
La garde nationale à dix degrés au-dessus de glace,
Les droits réunis dans l'eau,
Les finances à zéro.

LE PETIT PAPA,

CHANSON LIBÉRALE, POLITIQUE RÉPUBLICAINE ET IMPÉRIALE.

Air : *A la papa.*

Entendez-vous le canon
Français, v' la l'empereur qu' arrive !
Coquins réjouissez-vous donc.
Quoi ! vous ne criez pas : bon !
   A l'unisson ?
   Pour Napoléon,
Vot' tendresse doit êt' vive,
   Car c'est la nation
Qui vient d' lui dire comm' ça :
   Sois not' papa.

Il n'entrera que la nuit,
Sans effort et sans contrainte,
Car il n'aime pas le bruit ;

Aussi toujours il le fuit :
Il sait qu' ça nuit.
Chacun d' nous l' chérit,
Peut-il avoir d' la crainte,
Not' amour le suit,
Et ses canons sont là,
A not' papa.

Not' papa ne ment jamais ;
Il nous amèn' Marie-Louise ;
Dans sa poche il a la paix :
Nous goûterons ses bienfaits,
C' sont ses projets ;
Mais l' ch'min est mauvais,
Faut l' tems d' faire sa valise,
Et l'on a des r' grets
Quand on quitte comm' ça
Son cher papa.

L'bon Dieu comblera nos vœux,
J'allons voir le p' tit roi d' Rome ;
La mann' va tomber des cieux :

Ouvrons l'bec, fermons les yeux,
Tout est au mieux.
Qui n's'rait pas joyeux ?
L'enfant d'un si grand homme
Doit nous rendre heureux,
Puisqu'il est bon déja
Comm' son papa.

Les Bourbons n'entendaient rien
A gouverner notre France ;
La douceur est un moyen
Qui fait plus d'mal que de bien.
Peuple vaurien,
Il te faut un chien
Qui n'se fasse pas d'conscience
De t'frotter... eh bien !
Ton emp'reur te frott'ra
A la papa.

On dit pourtant qu'y a d'loignon,
Et que le congrès t'invite
A déloger sans façon :

Quand il a dit *non*, c'est non.
Ah! quel guignon!
Pauv' Napoléon,
Quoi! t'en aller si vîte!
Dans quel abandon
Tu nous laisserais là,
Toi not' papa!

Si l'on te mettait à bas,
Nous aurions la république ;
Et c'nest pas là l'embarras,
L'bonnet rouge a des appas,
Mais n' prendra pas.
Notre France, hélas!
Est un' vilain' boutique.
Crois-moi r' tourn' là-bas :
Nous t'aim'rons ben mieux-là,
Mon p'tit papa.

LES DAMES FRANÇAISES

AUX

JEUNES GUERRIERS.

Air *de la Sentinelle.*

D'un sexe faible écoutez les avis,
Jeunes guerriers que Bellone rappelle :
En se laissant conduire par Cypris,
Mars a souvent cueilli palme nouvelle.
  D'un monstre ennemi du bonheur,
  Allez punir la perfidie :
Courez, volez au champ d'honneur, (*bis.*)
Vengez Louis et la patrie.

LE·TIGRE CORSE.

Nouveau Caligula vomi par le Tartare,
Assassin par calcul et par plaisir barbare,
Poursuis tes noirs forfaits, mets l'univers en deuil,
Outrage les mortels jusque dans le cercueil,
Le ciel enfin lassé de ta conduite infâme,
En te laissant agir aveuglera ton âme :
On verra tout d'un coup le *vil usurpateur*,
Noirci dans l'opinion, finir comme un voleur....

AINSI-SOIT-IL!!!

www.ingramcontent.com/pod-product-compliance
Lightning Source LLC
Chambersburg PA
CBHW060207100426
42744CB00007B/1206